[...]

[...]-IA DE KARNAK,

[...]

[...] de M. Paul Mériel,

[...] au Grand Théâtre de Toulouse

[...] le 8 Avril 1854

TOULOUSE,

[...]CHAUVIN, libraire, rue Saint-Rome,
DELBOY, libraire, rue de la Pomme,
BEA, libraire, rue Louis-Napoléon.

1854.

L'ARMORIQUE,

OU LES

FIANCÉS DE KARNAK,

OPÉRA EN QUATRE ACTES ET CINQ TABLEAUX,

Paroles et Musique de M. Paul Mériel,

Chef d'Orchestre du Grand-Théâtre de Toulouse,

REPRÉSENTÉ POUR LA PREMIÈRE FOIS A TOULOUSE, LE 8 AVRIL 1854.

PRIX : 50 CENTIMES.

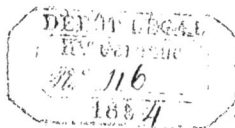

TOULOUSE,

DELBOY, libraire, rue de la Pomme.
FEILLÉS et CHAUVIN, libraires, rue Saint-Rome.
REY, libraire, rue Louis-Napoléon.

—

1854.
(C.)

PERSONNAGES.

ACTEURS.

MIKAEL, Brenn (chef) de la tribu de Karnak. : MM. Godinho, 1er ténor.

WORR, chef des Druides . . . .   Delarombe, 1re basse.

LABIÉNUS, lieutenant de César, commandant

dans les Gaules . . . .   Cléophas, baryton.

ÆMILIUS . } officiers Romains. . . . . {   Illac, 2e basse,

ALCIPPE . }   Tandeau, 2e ténor.

2 Coryphées.

HÉNA, fiancée de MIKAEL. . . . . . . Mmes Numa, 1re chanteuse.

MARGARID, mère de MIKAEL. . . . . .   Prévost, mère dugazon.

Soldats Romains, Gaulois, Druides, Esclaves, Femmes Gauloises.

La Scène se passe dans les environs de Vannes, à l'époque de l'invasion des
Romains dans les Gaules.

L'ARMORIQUE,

OU

LES FIANCÉS DE KARNAK,

Opéra en quatre Actes et cinq Tableaux.

ACTE PREMIER.

Le Théâtre représente l'intérieur d'une ferme gauloise; sa forme est circulaire; à gauche du spectateur est un autel sur lequel est un vase de cuivre étamé, contenant sept branches de Gui; au-dessus, on lit l'inscription : « *Celui-là est pur et saint qui fait des œuvres célestes et pures.* »

SCÈNE PREMIERE.

Parents et serviteurs, mettant tout en ordre sous la direction de Margarid.

CHOEUR.

Pour l'hymen qui s'apprête
Chacun forme des vœux,
Et cette aimable fête
Nous rendra tous heureux.
Est-il plus doux présage
Pour toute la tribu ?
Dès demain le courage
S'unit à la vertu.

MARGARID.

Mon fils, après huit jours d'absence,
Dès ce soir revient en ces lieux
Avec celle dont la présence
Doit à jamais combler ses vœux.

CHOEUR.

Héna sa belle fiancée
Que chacun respecte et chérit.

MARGARID.

Oui, pour fêter son arrivée,
Tous mettez le temps à profit,
Rangez partout, que tout paraisse
Embelli d'un éclat flatteur.

CHOEUR.

A vous obéir on s'empresse.

MARGARID.

A votre Brenn sachez tous faire honneur.
((*A elle-même.*)
Moment, cent fois prospère,
Je verrai mes enfants
En leur amour sincère
Sourire à mes vieux ans,
Félicité suprême
Qui cause un doux émoi,
Bientôt tous ceux que j'aime
Seront auprès de moi.

SCÈNE II.

LES MÊMES, WORR.

VORR, *en entrant.*

Salut aux fils de l'Armorique.

CHOEUR.

C'est Vorr. Par quel bonheur unique
Ce saint homme est-il en ces lieux ?

MARGARID.

Votre aspect a comblé mes vœux.
Vous venez pour le mariage
De Mikaël, je le présage.

VORR.

Non, je veux le voir à l'instant.

MARGARID.

Jusqu'à ce soir il est absent.

VORR, *à Margarid.*

Eh bien ! apprenez donc sur l'heure
Pourquoi je viens en sa demeure.

MARGARID, *au Chœur.*

Allez, enfants, et laissez-nous.

VORR, *au Chœur.*

Que les dieux vous protègent tous.

CHŒUR.

Amis, puisqu'il l'ordonne,
Hâtons-nous de partir ;
Aux ordres qu'il nous donne
Chacun doit obéir.
Respectons les druides
Et suivons leurs avis ;
Du peuple ils sont les guides,
Des dieux les favoris.

(Ils s'éloignent avec respect).

SCÈNE III.

WORR, MARGARID.

RÉCIT.

MARGARID.

Quoi ! vous daignez me faire confidence
De vos secrets...

WORR.

On sait votre prudence.
Mais pourquoi Mikaël est-il loin de ces lieux !

MARGARID.

De posséder Héna dès longtemps désireux,
Pour la chercher il s'est mis en voyage ;
Accompagnés de leurs nombreux amis
Ce soir nous les verrons ; demain le mariage.
De cet hymen tous les cœurs sont ravis.

WORR.

Peuvent-ils être exempts d'alarmes,
Lorsque la Gaule est livrée aux Romains ?

MARGARID, avec fierté.

Ici nous craignons peu leurs armes.

WORR.

Savez-vous donc enchaîner les destins ?

MARGARID.

Jamais l'invasion ne souilla l'Armorique.

WORR.

Aujourd'hui la menace un pouvoir despotique.

MARGARID.

Comment ?

WORR, avec mystère.

César approche et ses nombreux soldats
En tous lieux sèment le trépas.

MARGARID, effrayée.

Grands Dieux !

WORR.

Labiénus, guidant leur avant-garde,
Près de Vanne a porté ses pas.

MARGARID.

Que le ciel nous prenne en sa garde.

WORR.

Pour mettre un terme à sa fureur,

Avec le Brenn je viens m'entendre.

MARGARID.

Je suis tremblante.

WORR.

Ayons du cœur,
Et les dieux sauront nous défendre.

CAVATINE.

Comme la foudre mugissante,
Brisons tout sur notre chemin :
De notre colère imposante
Écrasons le fougueux Romain.
Satisfaits de notre vaillance,
Les dieux en leur amour puissant
Souriront à notre constance
Comme le père à son enfant.

MARGARID.

De crainte mon âme est émue ;
Quoi ! l'ennemi dans ces cantons...

WORR.

Bientôt, regrettant sa venue,
Il fuira loin de nos sillons.

MARGARID.

Toujours la guerre est incertaine.

WORR.

Hesus guidera nos soldats.

MARGARID.

Parfois son assistance est vaine.

WORR.

Oh ! femme, ne blasphémez pas.
Comme la foudre mugissante,
(Reprise des huit premiers vers.)

RÉCIT.

MARGARID.

Oh ! vieillard inspiré, votre sainte parole
A rassuré mon cœur.

WORR.

Hâtons-nous, le temps vole,
Nos gens avec ardeur portent les premiers coups,
Mais en de prompts efforts s'épuiseleur courroux.
Sachons électriser ces âmes incertaines,
Et bientôt les Romains déserteront nos plaines.

FINAL.

MARGARID, regardant au-dehors.

Quelle est cette rumeur ?
En mon âme craintive,
J'appréhende un malheur.

WORR.

En ces lieux on arrive.

SCÈNE IV.

CHŒUR, à Margarid.

D'un pas précipité, mais seul et soucieux,
Votre fils Mikaël s'approche de ces lieux.

MARGARID.

Son retour trop hâtif est d'un fâcheux présage.

CHOEUR.

Le voilà, nous allons en savoir davantage.

SCÈNE V.

LES MÊMES, MIKAEL.

Oh! mes amis, le désespoir m'oppresse;
Fut-il jamais malheur égal au mien?

TOUS.

Explique-toi.

MIKAEL.

J'ai perdu ma maîtresse,
Ma chère Héna.

TOUS.

Je comprends ton chagrin;
Mais apprends-nous par quel destin contraire
Tu fus privé de celle qui t'est chère.

MIKAEL.

Vers ce séjour guidé par le bonheur,
Je ramenais l'objet de mon ardeur.
De nos amis la joyeuse cohorte
Nous entourant composait notre escorte,
Quand tout-à-coup de Rome les soldats
Fondent sur nous, tout fléchit sous leur bras;
D'Héna contr'eux protégeant la faiblesse,
A la défendre aussitôt je m'empresse;
Mais presque seul en butte à leur fureur,
Un sort fatal a trahi ma valeur,
Et m'arrachant cent fois plus que la vie,
Il a permis qu'Héna me fût ravie.

ENSEMBLE.

Du sort contraire
L'arrêt sévère
En sa colère,
Vient m'assaillir,
Vient l'assaillir.

TOUS.	WORT, à part.
Amour, constance,	Ici d'avance
Tendre espérance,	J'ai l'assurance
Tout vient d'avance	Que sa vengeance.
S'anéantir.	Peut nous servir.

WORR, haut.

De l'Etranger punir l'outrage
Est notre devoir aujourd'hui.

CHOEUR.

Il connaîtra notre courage.

WORR, à Mikaël.

De l'Armorique, il est l'appui.

MIKAEL.

Pour la défendre, en quel lieu joindre
Tous ses ennemis fugitifs!...

WORR.

Labiénus a, sans rien craindre,
Placé son camp près les récifs
Qui de Vannes bordent la plage,
De ce chef subissant l'outrage,
Là sont tes compagnons captifs.
(Avec une intention marquée.)
Ta chère Héna par lui ravie,
De son amour peut être poursuivie.

MIKAEL, avec colère.

Ta parole embrâse mon sang.
Oui, je vais jusques en son camp
Délivrer celle qui m'est chère.

MARGARID.

Mon fils, prends pitié de ta mère,
Renonce à ce projet fatal.

MIKAEL, à sa mère.

Ne craignez rien, (à part) en mon absence
Organise la résistance.
(Au Chœur).
Mon retour sera le signal
Des combats et de la victoire.

WORR, de même.

Enfants! conservez la mémoire
Des hauts faits de tous nos aïeux.

CHOEUR.

Nous saurons combattre comme eux.

MIKAEL, WORR.

Sans pitié ni trêve,
Frappons le Romain,
Que sous notre glaive
Il tombe soudain;
Cette noble terre,
Qu'il ose envahir,
Avant peu, j'espère,
Va le recouvrir.
Gaulois! en ta rage
Tente un noble effort,
Frappe qui l'outrage,
Frappe, frappe encor.

WORR, au Chœur.

De l'ennemi consommant la ruine,
En ces cantons, provoquez la famine,
Brûlez vos champs, dispersez vos troupeaux;
Rasez les bois, dévastez les hameaux;
Que notre sol, comme un antre effroyable,
Dévore des Romains la race abominable.

CHOEUR.

Oui, consommons cette œuvre de fureur.

WORR.

Pour que les Dieux secondent votre ardeur,
Jurez leur sur ce Gui, symbole de la vie,
De tout sacrifier pour sauver la patrie.

CHOEUR. (Les hommes).

Nous jurons de mourir ou de la délivrer.

WORR.

C'est bien. A la victoire Hésus va vous guider.

MIKAEL.

De ton offense, Héna, je saurai te venger.

MIKAEL, WORR.

Sans pitié ni trève,
(Reprise du motif).
A la fin de ce morceau, Mikaël sort précipitamment ; tous le suivent du regard.

FIN DU PREMIER ACTE.

ACTE II.

LE CAMP DE LABIENUS.

Le Théâtre représente une plate-forme bornée, à la droite du spectateur, par des rochers escarpés, dominant la mer que l'on voit dans le fond.

SCENE PREMIERE.

LABIÉNUS, ÆMILIUS, ALCIPPE et quelques Officiers Romains sont assis à une table richement servie ; des esclaves les servent.

CHOEUR.

Qu'au tumulte de la guerre
Succède un joyeux festin,
Et que notre coupe entière
Se remplisse de bon vin.

LABIENUS.

Sur le chemin de la gloire
N'est-il donc que des douleurs ?...
Aux palmes de la victoire
Ne peut-on mêler des fleurs ?...
Mais leur senteur embaumée
Ne dure que peu d'instants,
Elle est l'image animée
De nos amours inconstants.
Que notre âme s'abandonne
Aux élans qu'elle a reçus,
Le matin suivons Bellonne,
Et le soir fêtons Bacchus.

RÉCIT.

ÆMILIUS.

Amis ! vive la Gaule et ses vins généreux,
Sa conquête est pour nous un sujet d'allégresse.

ALCIPPE.

D'un buveur intrépide et d'un cœur amoureux
Elle peut défrayer l'ivresse,
Et nulle part, je le confesse,
Les femmes aux regards n'offrent plus de beauté.

ÆMILIUS.

Notre chef le remarque en sa jeune captive.

LABIÉNUS.

De ses attraits divins mon cœur est enchanté,
J'aime jusqu'aux transports de sa vertu rétive.

ALCIPPE.

Quoi ! tu supporterais les insolents dédains
D'une esclave gauloise ?...

LABIÉNUS.

Elle est entre mes mains,
Et je veux, dès ce soir, vaincre sa résistance.

ALCIPPE.

Apprends-nous quels sont tes desseins ?
(Tous quittent la table.)

MÉLODIE.

LABIENUS.

Ainsi que le veut sa croyance,
Elle viendra dans le silence
Prier les Dieux, en leur clémence,
D'adoucir ses cruels chagrins,
Près d'elle mettant en usage
Et la ruse et le doux langage,
L'amour recueillera l'hommage
Offert à ses Dieux inhumains.

CHOEUR.

On ne saurait mieux faire,
Et tu dois réussir

LABIÉNUS.

Avec zèle et mystère,
Sachez tous me servir.
Jusqu'à l'heure charmante,
Où, chassant le sommeil,
La trompette éclatante
Sonnera le réveil,
Je veux, quoi qu'il arrive,
Qu'on me laisse en ces lieux.

ÆMILIUS.

Mais si par cette rive
Des Gaulois valeureux
Tentaient quelque surprise ?...

LABIÉNUS.

Non, ces sables mouvants
Rendraient toute entreprise
Funeste aux assaillants.

ÆMILIUS.

Leur longue expérience
Sait braver ce danger.

LABIÉNUS.

A mon plan ta prudence
Ne pourra rien changer.

ÆMILIUS.

Mais enfin...

LABIÉNUS, *l'interrompant avec colère.*

Je l'ordonne.

C'est assez discourir.

(*S'approchant de la table et prenant une coupe*)

Au Chœur.

Quand à l'espoir je m'abandonne,
Avec moi chantez le plaisir.

(*Le jour baisse graduellement.*)

CHŒUR. *Chacun prend une coupe.*

En amour comme à la guerre,
Tout fléchit sous tes destins ;
Je vide ma coupe entière
A tes amoureux desseins.

LABIÉNUS.

De la beauté qui m'est chère
Bientôt je serai vainqueur ;
L'espoir d'un destin prospère
De plaisir berce mon cœur.

(*La nuit est venue.*)

Mais suspendons nos accents d'allégresse,
La nuit s'avance, à ma belle maîtresse
Cédons le pas.

CHŒUR.

Amis, soyons discrets
Et de l'amour respectons les secrets.

(*Tous rentrent dans le camp, qui est censé occuper la gauche du spectateur ; pendant la fin du morceau précédent, les esclaves ont enlevé la table.*)

SCÈNE II.

RECIT.

HÉNA.

En ce camp tout repose, et je puis un instant
De mes persécuteurs tromper la vigilance.
Le calme de ces lieux, par son doux ascendant,
A déjà de mon âme apaisé la souffrance.

(*Regardant le rivage*).

O rive fortunée,
Que de fois, sur tes bords heureux,
J'errai, songeant à l'hyménée
Qui de deux cœurs devait combler les vœux.
Oh ciel ! qu'osé-je dire !
Quand je subis l'empire
D'un ennemi cruel,
Dois-je penser à Mikaël :
Un seul jour a détruit le rêve de mon âme.
Et pour comble de maux, mon ravisseur infâme
Brûle pour moi d'un amour odieux.
Ah ! je succombe à mes alarmes ;

Mais implorons les cieux,
La prière a des charmes
Au cœur des malheureux.

PRIÈRE. (*Elle s'agenouille*).

Astre aux reflets d'argent,
Que notre culte honore,
Lorsque ma voix t'implore,
Apaise mon tourment ;
Contre nos ennemis,
Protège celui que j'aime,
Que par ta faveur suprême,
Nous soyons réunis.
Quoi ! mon âme embrasée,
A ses élans pieux,
Vient mêler la pensée
D'un amour malheureux.
Mikaël, ton absence
A déchiré mon cœur ;
Viens calmer ma souffrance,
Ou je meurs de douleur.

SCÈNE III.

HÉNA, LABIÉNUS.

HÉNA.

J'entends marcher ; quelqu'un vient en ces lieux.

LABIÉNUS.

C'est moi, bannis la crainte.

HÉNA.

Ici, dans cette enceinte,
Que voulez-vous ?

LABIÉNUS.

Ce que je veux ?...

DUO.

LABIÉNUS.

Exprimer un amour
Que ta vertu condamne,
Te peindre sans détour
Le trouble de mon âme.

HÉNA.

Assez ! de m'attendrir
Perdez toute espérance,
Je ne puis que haïr
Qui causa ma souffrance.

LABIÉNUS.

Quoi ! ton cœur inhumain
Méprise ma tendresse,
Quand d'un amour sans fin
Je te fais la promesse.

MÉLODIE.

Ne sais-tu pas
Que ma puissance
Peut sur tes pas
Semer les plaisirs, l'opulence ?

Quand ton vainqueur
Ici t'implore,
De son bonheur
Que dans tes yeux brille l'aurore.

HÉNA.

De votre amour odieux
Epargnez-moi les aveux;
Un autre que vous m'enflamme,
Seul il règne dans mon âme;
A lui les élans de mon cœur,
A vous ma haine et ma fureur.

LABIÉNUS.

Ah ! c'est trop d'insolence;
Malgré ces vains éclats,
Je ris de ta constance,
Et tu m'appartiendras.

HÉNA, *effrayée.*

Oh ciel ! qu'osez-vous dire ?

LABIÉNUS.

Puisqu'en vain je soupire,
Le maître a remplacé l'amant.

HÉNA.

Ciel ! prends pitié de mon tourment.

LABIÉNUS.

Femme orgueilleuse, abjurant la menace,
Te voilà donc prête à demander grâce.

ENSEMBLE.

HÉNA.	LABIÉNUS.
Moment d'effroi;	De ton effroi,
Autour de moi,	De ton émoi
Pas un refuge en ma misère,	Je brave la clameur altière.
Pour conjurer	Sans résister,
Pareil danger.	Il faut céder :
Grands Dieux, c'est en vous que j'espère.	Rien ne peut fléchir ma colère.

HÉNA.

Ecoutez la voix de l'honneur.

LABIÉNUS.

Je n'écoute que mon ardeur.

HÉNA.

Du ciel redoutez la vengeance.

LABIÉNUS.

Mon amour brave sa puissance.
(*Reprise de l'Ensemble.*)

LABIÉNUS; *s'élançant vers elle.*

Oui, ton amour m'appartiendra.

HÉNA, *se défendant.*

A mon secours qui donc viendra ?

SCÈNE IV.

LES MÊMES, MIKAEL, *descendant en toute hâte les rochers de droite.*

MIKAEL.

Arrête, infâme.

HÉNA, LABIÉNUS.

Oh ciel !

HÉNA.

Qu'ai-je vu ? Mikaël ?...

MIKAEL.

Lui-même accourt pour ta défense.

LABIÉNUS.

Audacieux, crains ma vengeance
(*Appelant.*) Soldats !...

MIKAEL, *tirant son épée.*

Si tu fais un seul pas,
Ici tu trouves le trépas.

(Les trompettes de l'intérieur du camp sonnent le réveil.)

MIKAEL, HÉNA, *surpris.*

Le clairon sonne.

LABIÉNUS.

Annonçant ma justice,
Il a marqué l'heure de ton supplice.
(Il se rend dans le camp pour hâter l'arrivée de ses soldats.)

HÉNA, *regardant dans le camp.*

Vois ces soldats, ils viennent t'immoler.

MIKAEL.

Pour notre amour, veux-tu tout hasarder ?

HÉNA.

Oui.

MIKAEL.

Suis-moi donc, c'est ma voix qui t'appelle.
(Il l'entraîne, tous deux disparaissent derrière les rochers.)

SCENE V.

LABIÉNUS, PUIS ÆMILIUS, ALCIPPE ET LE CHŒUR.

LABIÉNUS, *les voyant disparaître.*

Oh ! surprise cruelle,
Tous deux s'élancent dans les flots.
(Tous entrent précipitamment.)

LABIÉNUS, *allant au-devant de ses soldats.*

Un traître, par de noirs complots,
Vient d'enlever ma prisonnière.

CHŒUR.

Nous punirons ce téméraire.

ALCIPPE, *au Chœur.*

Courons amis, du moins suivons leur trace,
Peut-être encor pourrons-nous les saisir.

CHŒUR.

Oui les périls enchaînent leur audace,
Et de ces lieux ils ne pourront s'enfuir.

LABIÉNUS, *regardant la plage.*

D'un bras puissant soulevant ma captive,
Contre les flots il lutte avec effort.

ÆMILIUS, *de même.*

La vague, à leur désir rétive,
Va les rejeter sur ce bord.

LABIÉNUS, *de même.*

Oh ! ciel, trompant notre présage,
Des récifs bravant les dangers,
Tous deux atteignent l'autre plage ;
Fureur extrême, ils sont sauvés.

(*Descendant la scène.*)

Mais nous saurons, du moins, suivre leur trace.
Sans plus tarder, pour Vanne il faut partir.
Que des Gaulois disparaisse la race,
Voici l'instant de frapper, de punir.

TOUS.

Oui, nous saurons, du moins suivre leur trace.

FIN DU DEUXIÈME ACTE.

Variante du 2ᵉ Acte.

—

A l'entrée de Mikaël, après les mots :
Ici tu trouves le trépas,
*si les exigences de la scène le permettent, on
peut chanter le trio suivant, qui existe dans
la partition.*

TRIO.

LABIÉNUS, *à part.*

Je suis sans arme, il faut subir l'outrage,
Evitons un fâcheux éclat.
Contraignons-nous, mais avant peu ma rage
Saura punir son attentat.

MIKAEL,

Ton doux aspect est un heureux présage ;
Oui, notre hymen s'accomplira.
Va, ne crains rien, d'un indigne esclavage
Mon amour te préservera.

HÉNA.

Ton doux retour est un heureux présage ;
Oui, notre hymen s'accomplira.
Je ne crains rien, d'un indigne esclavage
Ton amour me préservera.

LABIÉNUS.

O toi ! qui brave ma vengeance,
Quel dessein t'amène en ce camp ?

MIKAEL.

J'y viens ravir à ta puissance
L'objet de mon amour constant.

LABIÉNUS.

Qu'entends-je ?

MIKAEL

Elle est ma fiancée.

HÉNA.

Par lui je serai libre encor.

LABIÉNUS.

Votre espérance est insensée.

MIKAEL.

Notre amour domptera le sort.

HÉNA, MIKAEL.

Oui, je te brave en face,
Et malgré ta menace,
{ Bientôt par mon audace,
{ Bientôt par son audace,
{ Héna pourra s'enfuir.
{ Je pourrai donc m'enfuir.

MIKAEL.

Secourir mon amie,
En ma juste furie,
Frapper ta race impie,
Voilà mon seul désir.

HÉNA.

Au péril de ma vie,
Affronter ta furie,
Punir ta perfidie,
Voilà mon seul désir.

LABIÉNUS.

Quoi ! me braver en face.
Ah ! crois-en ma menace ;
Oui, quoi que tu fasse,
Héna ne pourra fuir.
Châtier ta folie
En ma juste furie,
Frapper ta race impie,
Voilà mon seul désir.

(On entend les trompettes du camp, et l'on con-
tinue l'acte à partir de cet endroit jusqu'à la fin.)

ACTE III.

Le Théâtre représente une forêt druidique, où les débris de la tribu se sont réfugiés, après la défaite de Vannes ; tous sont dans l'affliction.

SCÈNE PREMIÈRE.

CHŒUR. (*Les hommes seuls.*)

Eh quoi ! le sort des armes
Trahit notre courroux ,
Les plaintes à nos femmes
Et la honte pour nous.

FEMMES ET HOMMES.

Alors que nous accable
Le joug de l'étranger,
Quelle main secourable
Viendra nous protéger.

SCENE II.

LES MÊMES, HÉNA , *arrivant avec précipitation.*

HÉNA.

O mes amis, enfin je vous revois.

CHŒUR.

Quoi ! c'est Héna.

HÉNA.

Qui seule , a vers ce bois
Dernier refuge offert à la souffrance,
Porté ses pas, sans guide et sans défense.

CHŒUR.

La pauvre enfant.

HÉNA.

Ne tremblez pas pour moi ,
Dissipez mon inquiétude ,
De Mikaël dites-moi le destin ?

CHŒUR.

De Mikaël....

HÉNA.

Cruelle incertitude.
Parlez.

CHŒUR.

Sous le glaive romain
Nous l'avons vu tomber.

HÉNA.

Que dites-vous...

CHŒUR.

Au milieu du courage
L'attendait un trépas digne de son carnage.

HÉNA.

Ah ! je suis prête à succomber.
Du sort l'arrêt suprême
A frappé ce que j'aime ,
En perdant mon époux
Quand je perds l'espérance
Que du moins avec vous
S'exhale ma souffrance.

CHŒUR.

Héna , chacun de nous
Partage ta souffrance.

(*Se tournant vers la coulisse.*)

Nos druides sacrés approchent de ces lieux ,
Pour apaiser les dieux
Ils ont dans la prière
Sur le sommet des monts passé la nuit entière.

SCÈNE III.

LES MÊMES , WORR , DRUIDES (*Ils viennent de la coulisse et défilent lentement.*)

CHŒUR DE DRUIDES , *d'un air inspiré* .

Du ciel en sa colère
Ecoutez les secrets,
Pour qu'à votre misère
Succède ses bienfaits ,
A Teutatès terrible
Vous devez immoler
L'être que le sort inflexible
Conduisit ici le dernier.

CHŒUR DE PEUPLE.

C'est Héna qu'ainsi l'on désigne,
Chacun de nous plaint son malheur.

RÉCIT.

HÉNA.

Ah ! sans regret je m'y résigne,
Ainsi finira ma douleur.

WORR , *à Héna.*

Quoi ! tu verras le trépas sans alarmes ?

Héna.

J'ai perdu ce que j'aime, il a pour moi des
                                              charmes.

Worr.

Il va te frapper sans retour.

Héna.

Il rendra Mikaël à mon ardent amour.

Worr.

Oh ! sainte fille, ici-bas comme au ciel
Qu'à tout jamais ton nom soit immortel.
Mais viens par la prière, au pied du chêne
                                           antique
Te préparer au coup qui sauve l'Armorique.

Chœur général.

Sur son destin funeste
Nous devons tous gémir,
Mais à l'arrêt céleste
Qui peut désobéir.

(On emmène Héna, tous sortent avec recueillement
par le côté d'où les druides sont venus.

SCENE IV.

MIKAEL, *blessé et se soutenant à peine, entre
du côté opposé à la sortie générale.*

RÉCIT.

A rejoindre les miens, vainement je m'efforce,
Les combats, la douleur ont épuisé ma force..
    L'aspect de nos revers affreux
    Sans cesse apparaît à mes yeux ;
Des soldats massacrés, des femmes éplorées,
Des cadavres, de sang nos plaines inondées,
Ma mère assassinée en défendant Héna,
Tels sont les maux que le ciel nous légua ;
Mon cœur se brise à ces sombres pensées.

AIR

Oh ! ma belle patrie,
Malgré ton noble effort
Je te vois asservie
Et pleure sur ton sort.

Le Romain dans sa rage
Semant partout le deuil,
Te jette l'esclavage
Comme un affreux linceul.

Héna sans doute a dû périr,
Je vois toujours le trépas de ma mère,
En ma douleur amère
Je sens ma raison me trahir.

(*Avec égarement.*)

Ombre d'une mère immolée,
Spectre de mes vaillants soldats,
Pardonnez si dans la mêlée
Je n'ai pas trouvé le trépas ;
Calmez votre colère

Suivant vos pas errants,
Dans le sein de la terre
Avec vous je descends.
(Il tombe sans connaissance sur un rocher.)

SCENE V.

MIKAL, HÉNA, *rêveuse et sans voir Mikaël.*

RÉCIT.

Avant de parvenir aux sphères ignorées
Je veux, seule en ces lieux recueillir mes pensées.
(*Apercevant Mikaël sans le reconnaître.*)
Ciel ! un gaulois blessé (*s'approchant de
Mikaël et le reconnaissant.*) Mikaël, c'est bien
lui. Ah ! reviens à la vie.

Mikael, *toujours en délire.*

Ici qui donc m'appelle ?

Héna.

C'est moi, ta chère Héna.

Mikael, *rappelant peu à peu ses esprits.*

C'est l'éclair dans la nuit.

Héna.

De son égarement que ton âme s'éveille.
Eh quoi ! ton cœur ne me reconnaît pas ?

Mikael.

Ta voix l'enflamme, Héna, viens dans mes bras.

DUO.

Héna et Mikael.

Alors que je retrouve
L'être cher à mon cœur,
Mon âme encore éprouve
La joie et le bonheur.

Chœur. (*Dans la coulisse et de très loin.*)

Dieu ! qu'à votre vengeance
Succède la pitié.

Mikael.

Quel est ce bruit ?

Héna.

Horrible souvenance,
En te voyant, j'avais tout oublié.

Mikael.

Que veux-tu dire ?

Héna.

Assez, de grâce éloigne-toi.

Mikael.

Quel danger te menace ?

Héna.

Tu le sauras plus tard.

Mikael.

Héna, dis sans retard.

HÉNA.

Oh ! douleur extrême,
C'est le ciel lui-même
Qui de ce que j'aime
Vient me séparer.

MIKAEL.

Quoi ! ta défiance,
Garde le silence,
Veux-tu de souffrance
Me voir expirer.

HÉNA et MIKAEL.

Fatale inquiétude
{ L'angoisse de ton cœur,
{ L'angoisse de mon cœur
{ M'offre la certitude
{ T'offre la certitude
De quelque affreux malheur.

CHOEUR. (*De plus près.*)

Accourons, voici l'heure
D'accomplir les destins.

HÉNA.

Dieux ! les voici, va-t-en.

MIKAEL.

Non, je demeure.
Parle.

HÉNA.

Apprends donc que les dieux inhumains
Veulent mon sang pour calmer leur furie.

MIKAEL.

Qu'entends-je ! au péril de ma vie
Je défirai tes assassins.

SCENE VI.

LES MÊMES, WORR, DRUIDES, PEUPLE.

MIKAEL, *appelant.*

Venez, votre chef vous appelle.

CHOEUR.

Quoi ! Mikaël.... il vit encor.

MIKAEL.

Je sais qu'en votre erreur cruelle
D'Héna vous préparez la mort,
Perdez cette espérance infâme
Ou dans le courronx qui m'enflamme
Je défie et vous et les dieux
D'accomplir cet oracle affreux.

CHOEUR.

Le ciel a réclamé sa tête.

MIKAEL.

Je saurai la lui disputer.

CHOEUR.

A la saisir que l'on s'apprête.

MIKAEL.

Eh bien ! venez donc la chercher.

CHOEUR, *s'élançant sur Mikaël.*

Impie...

WORR, *se mettant entre Mikaël et la foule,
et s'adressant au peuple.*

Assez, point de colère,
Sur ces amants veille un Dieu tutélaire,
Quand Mikaël peut voler aux combats,
Qui donc d'Héna réclame le trépas ?

CHOEUR, *à Worr.*

Teutatès ne peut faire grâce.

WORR, *au Chœur.*

Un autre remplira sa place.

CHOEUR.

Uu autre.... Et qui donc ?

WORR.

Moi.

CHOEUR.

Qu'ai-je entendu !

HÉNA, MIKAEI.

Ciel ! que dis-tu ?

ENSEMBLE.

RÉCIT.

WORR, *à Mikaël.*

Tais toi,
Ton bras est fort, qu'il venge notre offense.
(*à Héna.*)
Toi, jeune fille, enflamme sa vaillance.
(*au Chœur*).
Du pays soyez tous l'appui,
Trop faible, hélas ! pour sa défense,
Aux cieux je vais prier pour lui.

TOUS.

Oh ! noble cœur.

WORR.

Faiblir serait un crime,
Ici pour moi les instants sont comptés,
Teutatès en fureur exige une victime.
Qu'on la lui donne.... Et vous, Bardes ?...
Chantez....

CHOEUR.

(*Les Bardes prennent des harpes et chantent.*)
Du saint Druide, amis chantons la gloire,
Par lui les Dieux enfin calmés
A nos soldats donneront la victoire
Et nos maux seront réparés.

STANCES.

WORR, *d'une voix inspirée.*

L'arbre courbé sous l'ouragan,
Fléchit et nargue la tempête,
Comme lui, sous un jong puissant
Plions pour relever la tête.

CHOEUR.

Du saint Druide , amis chantons la gloire ,
   Par lui les dieux enfin calmés
   A nos soldats donneront la victoire
   Et nos maux seront réparés.

WORR.

   La rosée en un jour naissant
   Sur nos maux répand l'abondance ,
   Et comme elle bientôt mon sang
   Va féconder l'indépendance.

RÉCIT.

Allons, plus de retard , il en est temps , frappez.
Le ciel s'entr'ouvre ! adieu bientôt soyez vengés.

UN GAULOIS, *dans le fond.*

Oh ! nouvelles alarmes.
Des Romains brillent les armes.

WORR.

Les Romains ! à ce mot s'enflamme mon
           courroux.

MIKAEL.

Au loin le sacrifice , allons braver leurs
            coups.

WORR.

Comme un tigre en furie
Blessé par le chasseur ,
Sur la horde ennemie
Signalons notre ardeur ,
Peuple de l'Armorique
Vengeons notre pays ,
Ou d'un cœur héroïque
Mourons sur ses débris.

CHOEUR.

Comme un tigre en furie
. . . .

(Ils courent au-devant des Romains.)

FIN DU TROISIEME ACTE.

ACTE IV.

Premier Tableau.

Le Théâtre représente la place principale de Vannes ; à la droite du spectateur , une forteresse.

SCENE PREMIERE.

CHOEUR DE SOLDATS ROMAINS.

Gloire à nous , gloire à nos armes ,
La victoire a des charmes
Dignes de nos grands cœurs.
Le Gaulois fuit dans la plaine. ,
   Et sa menace vaine
Dit le nom des vainqueurs.
    Notre courage
    Brave l'orage ,
    Il est le gage
    De nos succès ,
    Que , sur la terre
    Semant la guerre ,
    Notre bannière
    Règne à jamais.
(Le chœur remonte la scène.)

SCENE II.

LABIÉNUS , ALCIPPE.

RÉCIT.

LABIENUS.

Mes ordres , cher Alcippe , ont-ils été suivis ?...

ALCIPPE.

Par mes soins les soldats parcourent le pays ,
Bientôt le chef altier qui brava ta puissance,
  Et cette belle Héna seront en ta présence.

LABIENUS.

Doux espoir !

ALCIPPE.

      Se peut-il qu'en nos vastes travaux,
Tu gardes son image ?...

LABIENUS.

         De sentiments nouveaux.
Elle embrase mon cœur ; l'obstacle, d'un caprice
    Fit un invincible désir ;
    Il faut qu'il s'assouvisse ,
   A tout prix , je veux obtenir
L'amour de cette femme et punir mon rival.

ALCIPPE.

Je respecte tes vœux, mais, fiers de leur victoire,
Nos compagnons voudraient en célébrer la gloire.

LABIENUS.

J'y consens , du plaisir qu'on donne le signal.

DIVERTISSEMENT (PAS DE TROIS).

SCENE III.

LES MÊMES, HÉNA, MIKAEL, WORR,
Tous trois enchaînés et conduits par des gardes.

UN OFFICIER ROMAIN A LABIENUS.

Voici des prisonniers arrêtés dans la plaine,
Que notre chef ordonne de leur sort.

LABIENUS.

Sans plus tarder, qu'on les amène.
(*A part, après les avoir vus*).
Ciel! Héna, son amant... maîtrisons nos trans-
ports.

QUATUOR.

LABIENUS, *aux prisonniers.*

A moi, votre souverain maître,
Sachez répondre avec sincérité ;
Parlez, je vous ferai connaître
Ou ma clémence, ou ma sévérité.

MIKAEL.

Quand d'Héna je suivis la trace,
Je te bravai, tu parais l'oublier,
Vaincu, je garde mon audace,
Je sais mourir et ne sais pas trembler.

ENSEMBLE.

HÉNA, WORR (*à part*).

Son noble orgueil m'entraîne.
N'écoutons que la haine,
Devant un ennemi jaloux ;
Courbés sous notre chaîne,
Sachons affronter son courroux,

MIKAEL, *à part.*

A son aspect, ma haine
S'accroît de mes transports jaloux,
Et courbé sous ma chaîne,
Je veux affronter son courroux.

LABIENUS, *à part.*

A son aspect ma haine
S'accroît de mes transports jaloux,
Quoi ! courbé sous sa chaîne,
Il ose affronter mon courroux.

LABIENUS, *à* WORR.

Et toi, vieillard, dont le maintien austère
Semble annoncer un dessein téméraire,
Parle, telle est ma loi.

WORR.

Eh bien, écoute-moi :
Fier conquérant, ton arrogance
S'augmente encor de tes succès nouveaux,
Mais ne vois-tu pas la vengeance,
Le glaive en main, planer sur nos tombeaux?

(*Reprise de l'Ensemble.*)

LABIENUS.

Je voulais vous frapper, mais, voyant votre audace,
Afin de mieux punir, à tous trois je fais grâce.

RÉCIT.

Des cœurs si fiers ne craignent pas la mort,
Et mon courroux vous garde un autre sort.
Ainsi que tous les prisonniers,
Dès demain à l'aube naissante,
Et sous une escorte imposante,
Ici vous serez amenés.
Subissant le sort des vaincus,
Le front bas, couchés sur la terre,
Fléchissant sous votre misère,
A prix d'or vous serez vendus.

MIKAEL, HÉNA, WORR.

Vouloir ainsi nous avilir

LABIENUS.

O vous qui prodiguez l'outrage,
Je vous condamne à l'esclavage ;
Mieux que la mort il sait punir.

MIKAEL, HÉNA, WORR.

Dieux de la patrie
Punissez les tyrans,
Et de l'infamie
Préservez vos enfants.
En notre détresse,
Ah ! protégez-nous,
Et nos cœurs sans cesse
Voleront vers vous.

LABIENUS

Mon âme ravie
Se rit de leurs tourments.
Pour eux l'infamie,
Gloire à leurs conquérants,
Qu'enfin apparaisse
Mon juste courroux,
Mes regards sans cesse
Veilleront sur vous.

LABIENUS, *appelant.*

Soldats ! entraînez les coupables.

MIKAEL, HÉNA.

Faut-il nous quitter sans retour.

LABIENUS, *à part.*

Enfin les dieux sont favorables
A ma vengeance, à mon amour.

Reprise de l'Ensemble
(On les entraîne dans le fort.)

Deuxième Tableau.

Un Cachot très obscur.

SCENE PREMIERE.

HÉNA, *assise sur un banc de pierre*.

RÉCIT.

Je suis donc parvenue au comble du malheur !..
De nouveau retombée au pouvoir du vainqueur,
Son caprice est ma loi ; pour Mikaël que j'aime,
Bientôt viendra l'instant suprême,
Tant de maux ont brisé mon cœur.

CAVATINE.

Fugitive espérance !...
Que tes rêves sont vains,
Tu me promis d'avance
De fortunés destins,
Mais trop douce chimère
Eteignant ton flambeau,
Tu lègue à ma misère
L'angoisse d'un cachot,
Et dans l'horreur extrême
De ce sombre séjour,
Je retrouve l'emblème
Du cœur que tu fuis sans retour.
(On entend du bruit à la droite du spectateur).

(*Avec inquiétude*)
Un bruit se fait entendre...
Je tremble de terreur...
Viendrait-on me surprendre...

SCENE II.

MIKAEL, WORR, *entrant par un panneau de droite*.

MIKAEL.
Héna, sois sans frayeur.

HÉNA.
Mikaël ! oh ! bonheur.

TRIO.

HÉNA.

Eh quoi ! c'est toi,
A mon effroi
Un doux émoi
Soudain fait place..
Voici la fin
De mon chagrin
Heureux destin,
Je te rends grâce.

MIKAEL, WORR.

Ah ! calme-toi,
A ton effroi
Un deux émoi
Soudain fait place.
Voici la fin
De ton chagrin,
A ce destin
Tous rendons grâce.

ENSEMBLE.

HÉNA.

Comment vous vois-je en cette tour ?

MIKAEL.

Wor connaissait de ce séjour
Les secrètes issues.
Aux Romains inconnues,
De l'amour servant le désir
Elles nous permettent de fuir.

HÉNA.

Oh ! ciel.

WORR, *remettant un poignard à Mikaël*.
Saisis ce glaive
Et que par lui s'achève
L'œuvre de votre liberté,
Puis en ce pays dévasté
Rassemblant notre monde,
De Rome attaque les soldats,
En heureux résultats
La surprise est féconde,
Et tu pourras venger
Notre cruelle offense.

MIKAEL, HÉNA, *avec enthousiasme*.

Oui, mort à l'étranger.

WORR, *à voix basse*.
Amis, faites silence.
(*Reprise de l'Ensemble*).

MIKAEL.

Partons, il en est temps..

WORR.

En ces lieux je demeure,
Les dieux ont mes serments,
Il faut qu'ici je meure.

MIKAEL, HENA.
Oh ! mortel généreux.

WORR.

Trompant la vigilance
Des regards curieux,
Par surcroît de prudence,
Cachez à tous les yeux
Ces vêtements de femme.

MIKAEL.

Alors qu'il le réclame
Sur toi mets ces habits,
Et que l'astre des nuits
Daigne à notre espérance
Prêter son assistance.

(Il lui donne son manteau qu'elle place sur ses
épaules).

SCENE III.

LES MÊMES, LABIENUS, ALCIPPE, *entrant avec précaution, par une porte à gauche du spectateur.*

LABIENUS.

Dans le silence avançons-nous.

ALCIPPE.

En ces lieux quel dessein t'amène?

LABIENUS.

J'y viens soustraire aux yeux jaloux
Celle vers qui l'amour m'entraîne.
Marchons.

MIKAEL.

Héna, tout nous sourit.

LABIENUS.

Qu'ai-je entendu?

MIKAEL.

Quand finira la nuit,
Nous aurons brisé notre chaîne.

LABIENUS, *furieux.*

Encor cet homme

ALCIPPE, *le retenant.*

Apaise ton courroux.

WORR.

Hâtez-vous.

HENA, *prête à sortir par le panneau.*

Au Ciel rendons grâce.

MIKAEL, *de même.*

D'un fier rival nous bravons la menace.

LABIENUS, *s'élançant le fer en main et frappant Héna en croyant frapper Mikaël.*

Tiens, tombe sous ses coups.

HENA, *en tombant.*

Ah!...

MIKAEL, WORR.

Dieux puissants! Héna succombe.

LABIENUS.

Quels cris... Est-ce un piége nouveau?
(*Appelant*)
A moi, soldats...

SCENE IV ET DERNIERE.

LES MÊMES, DES SOLDATS APPORTANT DES TORCHES ALLUMÉES.

LABIENUS, *voyant Héna morte.*

Dieu! quel tableau.

WORR, MIKAEL.

Sur toi son sang retombe.

LABIENUS.

Oh! trop funeste erreur.....
Le désespoir fait place à la fureur,
Que dans leur sang ma haine s'assouvisse.

WORR, MIKAEL.

Noble Romain, voilà donc ta justice.

LABIENUS.

Soldats! frappez.

WORR, MIKAEL.

Hésus! sois mon vengeur.

(Des soldats les entraînent, le rideau tombe)

FIN.